Lb 598.

MIRANDA

A SES CONCITOYENS.

Discours que je me proposois de prononcer à la Convention Nationale, le 29 Mars dernier, le lendemain de mon arrivée à Paris.

Législateurs,

C'est en vertu d'un arrêté de vos commissaires, daté de Bruxelles, le 21 mars 1793, & qui ne m'a été remis que le 25 du même mois, à dix heures du soir, que je parois à cette barre.

A

J'avoue que j'ai été étonné de voir un arrêté pris à l'armée dans le moment même où je repoussais les ennemis de la république les armes à la main, couvrant la retraite de l'armée sur la hauteur de Pellemberg. Vos commissaires m'ont traité comme accusé, & envoyé à votre barre sans m'avoir vu ni entendu, & apparemment sur des informations du général en chef, qui auroient pu déjà leur être suspectes. Je demanderai à la convention quelques minutes de son indulgence, pour lui exposer très sommairement les motifs qui m'ont attaché à la cause de la république, ainsi que les services que j'ai rendu depuis le temps que je suis à l'armée.

L'amour de la liberté que j'avois servi en Amérique, & la satisfaction que j'ai éprouvé à la voir établir en France, m'amenèrent à Paris au mois d'avril 1792, ayant quitté l'Angleterre, où depuis quelques années j'étois établi. Quelques lettres de recommandation me procurèrent la connoissance du maire de cette capitale. La journée du 10 août m'ayant convaincu que le peuple avoit toute l'énergie nécessaire pour défendre sa liberté, le nouveau ministre de la guerre, Servan, m'in-

A

vita à prendre un emploi dans le militaire,
& à coopérer à la défenfe de la liberté, ce que
j'acceptai volontiers par amour des principes,
& je pris le rang de maréchal de camp.

Le 7 feptembre je partis pour l'armée qui
étoit aux ordres du général Dumouriez, à
Grand-Pré. Le lendemain de mon arrivée, je
fus envoyé par ce général faire une reconnoiffance fur les ennemis, que je trouvai aux
villages de Mortome & Briknai. J'eus l'avan-
tage de les repouffer avec une force de deux
mille hommes contre une de fix mille, tant
infanterie que cavalerie.

Le 14 je fis une reconnoiffance fur la
Croix-au-Bois, où je découvris le mouvement rétrograde de nos troupes fur Vouzières
& la pofition avantageufe que les ennemis
avoient gagné, ce qui provoqua la retraite
que nous fîmes dans la même nuit au
camp de Grand-Pré, & fauva l'armée pour
lors.

J'eu l'honneur de commander le corps de
l'armée, ayant confervé ma divifion entière
réunie à Vargemoulin, dans le moment où
toute l'armée, par une terreur panique,
s'étoit débandée depuis Courtemont jufqu'à
Châlons.

A 2

Le 3 octobre je reçus, fans le demander, du pouvoir exécutif, le rang de lieutenant général des armées de la république, & je pris le commandement d'une division de l'armée, qui faifoit route vers Valenciennes, pour faire lever le fiège de Lille.

Le confeil exécutif ayant defiré alors que je vinfe à Paris, pour être confulté fur des plans politiques & militaires, relatifs à l'Amérique du nord, &c., je m'y rendis & préfentai mes obfervations au comité diplomatique & au confeil exécutif. Elles furent jugées conformes aux intérêts de la république, & les entreprifes projettées furent fufpendues.

A mon retour à l'armée je reçus un ordre du pouvoir exécutif, pour aller prendre le commandement en chef de l'armée du nord, qui fe trouvoit paralifée devant Anvers, fous les ordres du général Labourdonnaie.

A mon arrivée les ouvrages néceffaires furent conftruits, & la citadelle prife cinq jours après. La capitulation fut applaudie, & mérita l'approbation nationale.

Une marche rapide depuis Anvers jufqu'à Mafeik & les paffages de la Meufe, ainfi que de la Roër, tous exécutés en fix jours

par la même armée, nous donna la posseſ-
ſion de Ruremonde & de toute la Gueldre
Autrichienne, ayant battu un corps de
troupes de huit mille hommes, qui étoient
poſtés dans cette ville, & à qui nous fîmes
repaſſer le Rhin, de même qu'aux troupes
pruſſiennes, qui pour lors ſe trouvoient dans
le duché de Cléves, le comté de Meurs & la
Gueldre pruſſienne.

Le Général en chef me rappella à Liége
pour me communiquer un ordre du pouvoir
exécutif, qui me propoſoit le commandement
en chef de quelques poſſeſſions d'outre-mer;
ce que je refuſai, croyant le plan haſardé &
moins intéreſſant pour le ſervice de la République. Le général en chef partit dans ce
moment pour Paris & je retournai à l'armée
du nord qui m'étoit particuliérement confiée.
A mon arrivée à Tongres, je reçus un autre
ordre du pouvoir exécutif, qui me chargeoit
du commandement des armées dans toute
la Belgique, pendant l'abſence du Général
Dumouriez.

C'eſt ici que le Général en chef Dumouriez
m'envoya de Paris ſes plans & les ordres pour
la préparation du bombardement de Maſtricht
& pour l'invaſion de la Hollande. Il me dit tex-

tuellement « que par les intelligences qu'il avoit
» à Maſtricht, il ſavoit que la Garniſon ne ſe
» défendroit pas & que les bourgeois oblige-
» roient le Gouverneur à la troiſième bombe de
» rendre la place, que ce n'étoit ni le tems ni la
» ſaiſon de faire un ſiège régulier & qu'il falloit
» bruſquer cette attaque & non s'aſtreindre
» à la prudence & à la méthode ; me preſcri-
» vant abſolument de marcher le plus vîte
» poſſible, de jetter des bombes ſur cette place,
» & de me porter ſur Nimegue avec un corps
» de vingt-cinq à trente mille hommes, ſans
» m'arrêter même à Maſtricht ; s'il ne ſe rendoit
» pas tout de ſuite, de confier cette opération à
» l'armée des Ardennes & à celle de la Belgique,
» laiſſant le commandement du tout au Général
» Valence, qui avoit auſſi celui de toute l'armée
» qui étoit derrière la Roër. Je fis venir tous les
trains d'artillerie de ſiège des trois armées, ſur
Maſtricht & au lieu de trois bombes, qu'il
croyoit ſuffiſantes pour prendre la place, j'en
fis jetter cinq mille qui l'ayant incendiée à
différentes repriſes, n'opérèrent cependant pas
ſa reddition.

Je m'occupois à établir des batteries de
vingt-quatre pour tirer à boulets rouges ;
vingt-quatre pièces alloient tirer sur cette

plâce ; j'allois laisser la continuation de cette
attaque au général Valence, en me portant
sur Nimegue, (mon avant-garde étant déjà
sur Grave) pour empêcher que les troupes
Prussiennes n'entraffent dans la Hollande, &
n'arrêtaffent les opérations du général Dumouriez, quand j'appris que les cantonnemens
de l'armée, derrière la Roër, étoient forcés par
un gros corps de troupes, & que l'armée
d'obfervation, fous les ordres des généraux
Valence, Lanoue & Stingel, fe replioit ; ce
qui me mit dans la néceffité abfolue de lever
le fiége de Maftricht, de faire une retraite
qui s'exécuta avec le plus grand ordre, &
dans laquelle, quoique toujours en face de
l'ennemi, nous ne perdîmes pas trente
hommes, nonobftant que j'eus à rappeller
l'avant-garde, qui étoit à vingt lieues fur la
rive gauche de la Meufe. Je fis prendre à
l'armée la pofition derrière la *Dyle*, fur les
hauteurs de Louvain, où nous couvrions la
Belgique ; nous protégions les opérations de
la Hollande, & nous pouvions recevoir facilement tous les renforts qui pouvoient arriver
de France, pour agir offenfivement ou défen-
fivement fur nos ennemis. A cette époque,
le général en chef arrive de la Hollande, prend

le commandement de toutes les armées; & j'interromprai ici la narration, pour obferver que, loin de m'être laissé séduire par l'exaltation des plans du général en chef, je m'étois efforcé toujours de les rendre moins hafardeux (1), & que je les avois militairement jugé tels, en écrivant, le 14 février, au ministre Beurnonville :

« Je vois très-probable aufli, citoyen Mi-
» nistre, que, du moment que le fiége ou
» bombardement de Maftricht commencera,
» l'armée Autrichienne qui eft devant nous,
» fur la Roër, & qu'on me dit forte de
» quarante mille hommes, tentera une attaque
» fur la nôtre, qui eft derrière cette rivière,
» couvrant le fiége de Maftricht, pour le faire
» lever & fauver la place. Nos forces font
» loin d'être fuffifantes à tenir, avec fûreté,
» toute l'étendue que nous occupons dans ce
» moment-ci, & à exécuter les opérations que
» nous allons entreprendre. Je fuppofe que
» le général en chef Dumouriez vous a inf-
» truit particulièrement de tout. J'ai reçu les

---

(1) Confultez l'extrait de lettres que j'ai déjà publié:
c'eft fur mes réflexions qu'il fut renoncé à l'entreprife
fur la Zéélande, qui étoit digne d'avoir été conçue
par un flibuftier.

» ordres ; & toute l'armée, avec confiance &
» bonne volonté, eft en mouvement pour les
» exécuter.... L'entreprife me paroît éton-
» nante & très-difficile ; ainfi j'efpère que fi
» la réuffite n'eft pas conforme en tout à nos
» défirs & à l'efpoir que vous avez pu for-
» mer, on aura pour nous cette indulgence
» qu'un zèle ardent pour le fervice & la
» gloire de la patrie, mérite d'une Nation
» libre, qui voit fes enfans courir au dévoue-
» ment avec joie. »

Il eft effentiel auffi que je dife à la Convention nationale que, dès l'arrivée du général
Dumouriez à Louvain, je m'apperçus qu'il
apportoit de Hollande une nouvelle doctrine,
qui ne me paroiffoit rien moins que conforme à l'égalité & au républicanifme ; que
fon efprit étoit aigri & exafpéré contre la
Convention nationale. Je crus d'abord que
c'étoit un effet de la mauvaife réuffite de fes
plans indigeftes que j'avois ou corrigés en
partie ou combattus ; ainfi je le laiffai à lui-
même. Le lendemain il vint me trouver de
bonne heure, me communiqua une lettre
qu'il avoit écrite à la Convention nationale,
& me dit qu'il ne feroit pas étonné de voir
porter un décret d'accufation contre lui. Je le

tranquilifai ; &, montant enfuite à cheval,
nous fûmes paffer l'armée en revue. Ses dif-
cours aux foldats me parurent tendre à les
attacher à lui ; il leur montroit une gazette
des féances de la fociété des Jacobins, &
leur demandoit ce qu'ils penfoient de la prof-
cription élevée contre lui. Je lui fis quelques
remontrances à ce fujet, difant que de telles
démarches me paroiffoient répréhenfibles,
que l'armée étoit à la république, qu'on ne
devoit jamais l'entretenir de querelles indi-
viduelles, ni lui permettre d'y prendre part.
Il parut fe foumettre à ces reflexions, & fut
depuis plus réfervé devant moi à cet égard.

L'ordre pour l'arreftation des généraux
Lanoue & Stingel m'étant arrivé dans ce
moment, ainfi qu'au général Valence, il faifit
cette occafion pour me demander ce que je
ferois fi un pareil ordre m'arrivoit pour le
faire arrêter lui même ; je lui répondis que,
comme ferviteur fidèle, j'étois obligé d'obéir ;
mais que d'ailleurs, il ne me feroit pas adref-
fé, attendu que le général Valence étoit le plus
ancien. « Il viendra précifement à vous, me
» dit-il, mais l'armée n'y obéira pas. Ainfi,
» vous n'avez qu'à faire un procès-verbal &
» le renvoyer. Etant à table quelque temps,

» après, il me dit qu'à la fin il faudroit venir
» à Paris pour établir la liberté. Je lui deman-
» dai de quelle manière ? — avec l'armée; — &
» pourquoi faire ? — pour rétablir la liberté ; —
» je crois le remède pire que le mal, répondis-
» je, & certainement je l'empêcherai si je
peux.—donc vous vous battrez contre moi ?—
» ça peut bien être si vous vous battez contre
» la liberté, — fort bien, vous serez Labienus.
» — Labienus ou Caton vous me trouverez
» toujours du côté de la République, » & la
conversation se termina. Il eut l'air de tourner
tous ces discours en plaisanteries au moment
qu'il n'eut plus de doute sur ma résolu-
tion.

Le lendemain, je trouvai déjà dans son
amitié & dans sa confiance pour moi une
grande altération ; il commençoit à se rap-
procher extraordinairement des généraux
Valence & Égalité, avec qui il consultoit déjà
les matières militaires à mon insu. Je crus
d'abord que ceci n'étoit que l'effet de l'a-
mour propre; croyant peut-être que je devois
me plier un peu plus à ses caprices. Le 15,
nous recevons la nouvelle que les ennemis
se faisoient voir & avoient attaqué & re-
poussé les troupes de notre avant-garde qui

occupoient Tirlemont. Nous fîmes un mouvement avec toute l'armée vers cette ville,
& le jour après, vers les neuf heures du
matin, nous attaquâmes les troupes ennemies
qui étoient à Tirlemont, prîmes la ville de
force, & les ennemis fe replièrent fur leurs
avant - poftes, entre les deux Gethe en
avant de Nervinder.

Le général en chef ne confultoit déjà plus
les opérations militaires avec moi ; & c'étoit
les généraux Valence, Thouvenot & Égalité
qui étoient devenus fon confeil - privé. Le
17, l'armée prit fa pofition entre les deux
Gethe ; la divifion de gauche derrière les
hauteurs de Wommerfom, à l'exception de
vingt-un bataillons fous les ordres du général
Champmorin, qui eurent encore le lendemain
à paffer la grande Gethe. Le 18 à la pointe
du jour, nous attaquâmes le village de
Ortfmael, pour prendre le pont, ainfi que le
village d'Heelen avec fon pont, que les ennemis occupoient. A dix heures & demie,
je reçus l'ordre du général Dumouriez de
me rendre auprès de lui à la droite pour
une conférence ; je ne pus y arriver que fur
les onze heures. Je trouvai le général feul
avec le maréchal - de - camp Thouvenot ; &

au lieu de conférence, il me donna un ordre
par écrit & cacheté de ce que je devois faire ;
il m'annonça que nous allions donner bataille ;
je fus très-furpris de cette nouvelle , puifqu'il n'avoit ordonné aucune reconnoiffance
fur la gauche , que nous avions une rivière
devant nous & point de pont à y jeter ,
que les ennemis étoient poftés très-avanta-
geufement fur les hauteurs de Halle & de
Vildere. Je lui demandai feulement s'il con-
noiffoit à-peu-près la force des ennemis : il
me répondit qu'il croyoit qu'elle étoit de
52,000 hommes. Je lui demandai qu'elle étoit
la nôtre—de 35,000—Croyez-vous probable
que nous puiffions réuffir à dépofter les ennemis d'une pareille pofition ; mais j'obfer-
vois qu'on ne vouloit pas de réflexion &
qu'on étoit décidé à tout entreprendre. Je
retournai à mon pofte ; & mon ordre à la
main, j'inftruifis les commandans des colonnes
de leur devoir & leur ordonnai d'exécuter
ponctuellement les ordres du général en chef.
Ce ne fut qu'à deux heures que les colonnes
fe mirent en mouvement, & à trois l'attaque
de la gauche commença. Quatre colonnes
paffèrent fur le pont d'Ortfmael & par la
chauffée , une autre par le petit pont de

bois d'Heelen , & une autre par le pont de
Leau. La position de l'ennemi étoit si avan-
tageuse par le terrain , par le nombre &
par la formidable artillerie qui les couvroit
que notre infanterie avant de pouvoir approcher ses lignes étoit obligé de repousser
la cavalerie, les troupes légères qui occupoient les villages , & d'essuyer le feu de
batteries croisées, avant de pouvoir approcher
les hauteurs où étoit posté l'infanterie enne-
mie sur deux lignes. Nous prîmes les villages ;
nous repoussâmes la cavalerie ; mais le feu
de l'artillerie fit un tel effet sur nos colonnes,
qui à cause du terrain coupé ne pouvoient
pas se déployer, que notre infanterie après
les plus vifs efforts & avoir essuyé une perte
très-considérable, ne put pas déposter celle
de l'ennemi qui étoit sur les hauteurs cou-
verte de toute leur artillerie, tandis que la
nôtre démontée & perdant ses chevaux,
parce qu'elle sortoit difficilement des chemins
dans lesquels elle étoit ou engorgée ou em-
bourbée , ne put pas être mise avantageuse-
ment en batterie. Notre infanterie fut donc
obligée de se replier derrière la petite Ge te ,
en cherchant à prendre la position qu'elle
avoit occupée avant l'attaque. Dans cette

retraite, il y eut quelque défordre ; à caufe
de la perte confidérable que les corps ve-
noient de faire dans le combat.

Je faifis cette occafion pour vindiquer
l'honneur de nos braves frères d'armes, tant
de ceux qui font morts glorieufement dans
cette journée ; que de ceux qui leur ont
furvécu ; honneur que ni la patrie, ni ces
illuftres victimes ne peuvent perdre, parce
qu'il a plû à un général infenfé de rejeter
fur eux la honte qu'il a encouru lui feul, en
donnant une bataille contre toutes les règles
& les principes de l'art. Ce n'eft pas que je
prétende juftifier la conduite honteufe que
trois ou quatre corps commandés par de
mauvais officiers ont tenu ce jour-là en
abandonnant lachement leurs poftes. Mais
la conduite coupable de ce très-petit nombre
ne peut ternir celle de toute une divifion,
qui fous le feu le plus meurtrier a donné
pendant trois heures un grand exemple de
courage, & laiffé fur le champ de bataille
deux mille victimes de la vertu républicaine.
Je-fuis perfuadé que les ennemis mêmes
ne lui refuferont pas cette juftice. Le témoignage de 15,000 hommes, acteurs dans cette
terrible affaire, l'emportera certainement fur

celui d'un général qui, n'ayant pas vu par
lui-même, a eu néanmoins par sa proclama-
tion du 21, l'impudeur & la lâcheté de
rejeter sur ces troupes les fautes & les
suites désastreuses qui n'étoient dues qu'à son
impéritie ou à sa malveillance. Je dois à mes
contemporains & à la postérité de déclarer
que ces troupes se trouvant une rivière à dos
qu'elles ne pouvoient passer que sur trois ponts
très-éloignés ; se trouvant privées de presque
toute leur artillerie dont une grande partie
des chevaux furent tués à leur arrivée ; ayant
à lutter enfin contre tous les désavantages
du nombre, de l'artillerie, & sur-tout du
terrain, on ne doit pas plus s'étonner de la
confusion qui a eue lieu dans la retraite que
l'on ne s'étonne dans l'histoire de celle qu'é-
prouvèrent les meilleurs légions de César à
Gergovia, & celles de Frédéric à Kunelsdorf
en pareille circonstance, sans que ces deux
maîtres de l'art ayent voulu jeter la perte
de ces actions sur la défection de leurs sol-
dats. Ils ne l'attribuèrent, eux, qu'aux cir-
constances ; tandis que le général Dumouriez,
qui s'étoit donné gratuitement & malgré
mes avis les plus formels, tous les désavantages de cette affaire, s'est étudié à dissimuler
les

les fautes que lui feul avoit faites & à en
rejeter toutes les fuites fur les braves foldats
qui ont rempli leur devoir.

Pour prévenir néanmoins la confufion dans
laquelle l'infanterie fe retiroit, je fis pofter
fur les hauteurs de Wommerfom cinq bataillons qui arrivoient de Louvain, & fis arrêter
les troupes derrière Tirlemont, pour les ral-
lier plus facilement, & je les ramenai aux
poftes à minuit, par ordre du général en
chef, perfuadé qu'il vouloit recommencer
l'action à la pointe du jour; ce qui me parut
encore très-peu fenfé.

Le lendemain j'exécutai ponctuellement fes
intentions, & les troupes occupèrent, à quatre
heures du matin, les hauteurs de Wommerfom. A neuf heures les ennemis les attaquèrent
vivement; &, fe repliant de hauteurs en
hauteurs, fur les cinq heures du foir elles fe
rapprochèrent de Tirlemont. Le général Dumouriez me donna fes ordres pour qu'elles
traverfaffent la ville dans la nuit, & pour
leur faire prendre la pofition de Cumptich, derrière Tirlemont. Les ennemis commencèrent
à nous attaquer les jours fuivants, & nous
nous retirâmes à Bautterfem, une lieue plus
en arrière. Le lendemain nous continuâmes

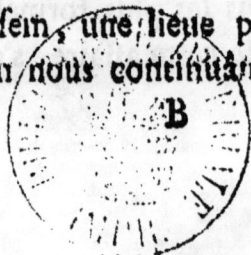

B

la retraite derrière Louvain, dans la pofition
que j'avois prife antérieurement. Il refta pour
couvrir la retraite une partie de la divifion
de gauche, à Pellemberg, qui fut attaquée
le 22 très-vivement par l'ennemi, avec des
forces fupérieures, & qui néanmoins réfifta
toute la journée, le repouffa à plufieurs re-
prifes, lui fit effuyer une grande perte, &
effectua heureufement fa retraite pendant la
nuit, après avoir donné le temps à l'armée
d'effectuer la fienne, fans que le général Dumouriez ait fait mention de cette affaire, une
des plus férieufes & des plus honorables que
l'armée ait eue; & cela, quoiqu'il ne l'ignorat
pas, puifqu'il eft convenu que les ennemis
lui avoient fait dire depuis, qu'ils avoient
fait une grande perte dans cette action, fur
laquelle il n'a gardé le filence, que parce
que ni lui ni le général Valence n'y étoient.

Arrivé à Louvain le 21, j'avois été voir
le général à fon quartier, où je devois loger
également; découvrant plus perceptiblement
en lui des fentimens de défection pour la
République, & d'inimitié pour moi, je me
retirai à mon appartement, & j'écrivis une
lettre au citoyen Pétion, membre de la Convention nationale & du comité de défenfe

générale, pour lui annoncer mes inquiétudes à cet égard, fermement perſuadé que le chef & ſon conſeil n'agiſſoient pas de bonne foi, & qu'on vouloit ſe défaire de moi, à tel prix que ce fut; le priant de venir me trouver lui-même pour lui découvrir la conjuration que je prévoyois preſque certaine, ou de m'en-voyer une permiſſion pour venir immé-diatement à Paris indiquer les meſures né-ceſſaires. Le lendemain je me preſſai de lui dépêcher encore un autre courrier, avec un *duplicata* de la même lettre ; ajoutant que le général en chef m'avoit communiqué ſon plan d'une retraite abſolue. Cette retraite a commencée dans la nuit ſur Bruxelles, Hall, Enguien & Ath. Le général en chef avoit grand ſoin de mettre toujours à mes ordres le corps de troupes qui étoit le plus en danger, apparemment avec la bonne in-tention qu'un coup de canon le débarraſſeroit d'un témoin qu'il redoutoit. Au paſſage d'Enguien, j'allai le trouver pour lui mar-quer mon mécontentement à l'occaſion des proclamations fauſſes & infâmes qu'il venoit de publier pour couvrir ſes erreurs, & dont il rejettoit, à tort, les ſuites ſur des hommes braves, qui étoient venus me porter, avec

indignation, leurs juftes réclamations. Je lui
dis que je ne laifferais pas ignorer à la Nation
comment & par qui fes foldats avoient été
facrifiés. Que devant arriver probablement à
Tournay le lendemain, je lui demanderais la
permiffion d'aller un inftant à Paris. Le Général en chef ne me manifefta pas de répu-
gnance à m'accorder cette permiffion que je lui
demandois ; mais il s'exhala par des invec-
tives contre la liberté & le républicanifme,
qu'il croyoit le françois inapte à poffeder.
Je lui répondis que les principes que je m'étois
faits par l'expérience de vingt ans d'études,
je ne les abandonnerois pas dans un quart-
d'heure d'humeur, & je me retirai à ma
divifion. Le général Duval étoit préfent à
cette partie de la converfation.

   A dix heures du foir, je reçus d'un officier
de fon état-major ladite permiffion, c'eft-à-
dire, qu'il me faifoit parvenir un arrêté des
commiffaires, donné le 21 du mois, & que
le Général avoit mis dans fa poche, à la
manière d'une lettre-de-cachet, pour fe défaire
de l'individu quand il le jugeroit à propos.

   Cette démarche me découvrit entièrement
fes intentions coupables ; &, fans retarder
d'un inftant, je partis pour Paris, pour dé-

noncer tout de suite, à la convention nationale, ces faits importans.

Arrivé le 28 au soir, je fis appeller immé-
diatement le citoyen Petion, à qui j'avois
écrit, & qui est venu chez moi, accompagné
du citoyen Bançal, à qui j'ai annoncé, en
termes précis, au nom de la Liberté & de
la Patrie, qu'ils eussent à prendre immédia-
tement tous le moyens de faire connoître aux
pouvoirs constitués, que le général Dumouriez
n'avoit sollicité l'arrêté des commissaires, sur
de fausses inculpations, que pour se défaire
de moi, & parce que je n'avois pas voulu
me prêter à ses coupables intentions de marcher sur Paris, & lui avois dit que j'empê-
cherois, autant qu'il seroit en moi, qu'il
s'opposât à l'exécution des décrets de la
Convention Nationale. J'ajoutai que j'avois
tout lieu de croire qu'il ne consentiroit pas
à rentrer en France, & qu'il se préparoit à
quelques desseins de la plus haute criminalité.

Le lendemain je me suis présenté, avec une
lettre, au président de la convention nationale,
pour être entendu à la barre, en vertu de son
décret; mais je n'ai pu l'obtenir. Un officier
de l'armée que je commandois, & qui m'avoit
suivi dans l'intention de m'aider à faire connoî-

tre la vérité, a, le 29 mars, prévenu de tous ces
faits importans deux honorables membres de
la convention nationale, les citoyens Maignet
& Artaut Blanval , dont je fuis ici forcé
d'appeller le témoignage , parce que la décou-
verte entière de la conjuration arrivée depuis,
feroit peut-être douter quelques perfonnes de
la véracité de tout ce que j'expofe ici.

Le jour fuivant, je réitérai la même de-
mande au préfident de la convention nationale, & ne l'ayant pu obtenir , ces faits fe
font dévoilés par le procès-verbal des citoyens
Proli, Dubuiffon & Pereira (1).

D'après cet expofé je ne doute pas que la
Nation ne foit convaincue, non-feulement de
mon innocence, mais du zèle & de la fidélité
avec lefquels je l'ai fervi & qui font l'unique

---

(1) Je regrette de n'avoir pas été entendu à mon arrivée
ici , fur ces faits importans , parce que les Commiffaires de la Convention Nationale, mieux inftruits, ne fe
feroient peut-être pas acheminés ; (ou du moins j'aurois
la fatisfaction de leur avoir confeillé cette précaution,)
fans une efcorte, & mis ainfi au pouvoir d'un homme,
que je croyois capable de tirer une vengeance atroce de
fes injures perfonnelles , & nous aurions ainfi évité les
malheurs arrivés, à la Nation, dans la perfonne de fes
Repréfen.ans.

caufe de la perfécution que j'éprouve en ce
moment. J'aurois defiré lui rendre plus de
fervices effentiels; j'ai fait au moins tout ce
qui étoit en mon pouvoir dans les expéditions
militaires de l'armée que j'ai commandé en
chef, & je crois auffi avoir bien mérité d'elle
en révélant le premier la conjuration atroce
qui vient d'éclater & que ma préfence à l'armée
eut peut-être prévenue.

Je ne répondrai pas aux foupçons qu'on
a élevés contre moi; ce n'eft ni le torrent de
la révolution, ni les intérêts perfonnels qui
m'ont fait embraffer la caufe de liberté.
Une étude réfléchie de l'hiftoire, dix années de voyages & de féjour chez tous
les peuples libres de la terre   appris
démonftrativement & en pratique que fous
tous les climats & dans quelque fituation
que ce foit, la liberté produit toujours les
mêmes effets & eft toujours la fource de la
félicité & de la profpérité humaine. Ainfi, fi
les droits de l'homme, & fi les principes de
l'égalité n'étoient pas ceux des Français, ils
feroient les miens.

Il y a feize ans que j'ai facrifié les liens
d'une famille, & une fortune confidérable,
pour fuir la fuperftition & la tyrannie, pré-
férant à tout, vivre chez des peuples libres.

Je déclare ici que les calomnies des individus ne me feront pas abandonner une nation qui défend la cause générale de la liberté; je saurai mourir dans la même carière, mais appercevant un manque de confiance & un soupçon général, je prie la Convention de ne plus voir en moi qu'un simple citoyen, ou de me mettre à portée de servir la cause de la liberté dans un poste qui soit à l'abri des soupçons, & où je puisse utilement employer mes faibles connoissances. Je sais me battre contre les ennemis de la République, mais non contre la calomnie & l'intrigue.

P. S. Ceux de mes Concitoyens qui veulent bien s'intéresser à moi jugeront peut-être que j'aurois dû plutôt publier cet écrit; sûr, non pas seulement d'être exempt de reproches, mais de mériter quelque estime pour mon dévouement à la cause du Peuple; persuadé de la justice de la convention nationale, c'est par un sentiment de considération pour elle que je n'ai pas cru devoir rien imprimer avant d'avoir paru à sa barre.

F I N.

Se vend chez BARROIS l'aîné, quai des Augustins, n° 19.